LE DESSIN

EXPLIQUÉ

MIS A LA PORTÉE

DE TOUTES LES INTELLIGENCES

ORNÉ

DE 30 SUJETS D'ÉTUDE GRADUÉS.

PRIX : 1 FRANC.

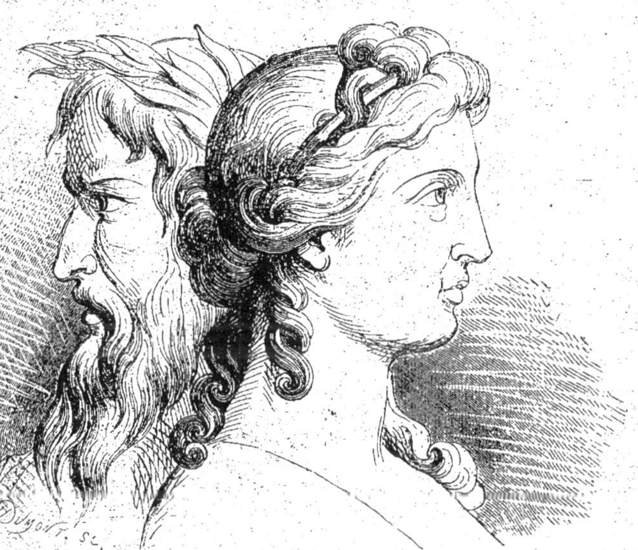

PARIS.

DESLOGES, LIBRAIRE, 4, RUE CROIX-DES-PETITS CHAMPS.

LE DESSIN

DE TOUTES LES INTELLIGENCES

ORNÉ

DE 30 SUJETS D'ÉTUDE GRADUÉS.

PAR

DE LASALLE.

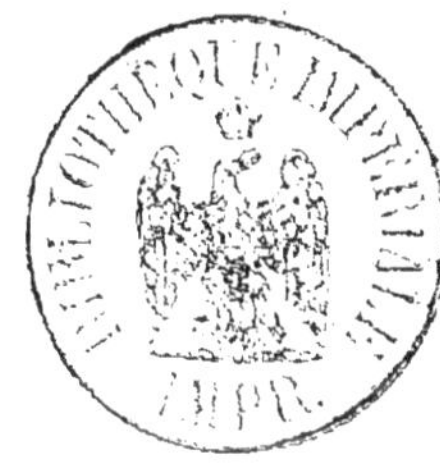

Le dessin est un des plus excellents ouvrages de l'esprit.... Il n'y a donc rien que l'homme doive plus cultiver.

BOSSUET.

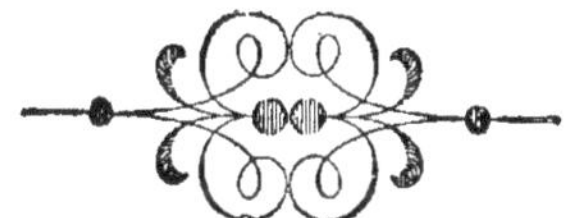

PARIS.

DESLOGES, LIBRAIRE, 4, RUE CROIX-DES-PETITS-CHAMPS

1857

ANNUAIRE-MANUEL du Mécanicien constructeur de Machines à vapeur, pour 1857. Livre utile aux constructeurs, inventeurs, ouvriers mécaniciens, fumistes, industriels, dessinateurs, etc., suivi de l'adresse de tous les mécaniciens français. 1   »

ALMANACH du Savoir-Vivre, ou l'Art du Bon Ton, de l'Élégance et de la politesse, joli volume. . . . . . . »   50

ALMANACH de l'Oiseleur, ou l'Art de prendre, d'élever, d'instruire les Oiseaux en volière, en cage ou en liberté, suivi de l'Art de les empailler et de la Loi sur la chasse, 1 vol. illustré. . . . . »   50

ALMANACH des Jeux d'esprit, par Arnal, Bardoux, Brindeau, Léo, Levassor, L. Lurine, Méry, Nadar, Ponchard, Ravel, Rossini, Véron, Vernet, Viennet et Marc-Constantin, joli volume illustré. . . . . »   50

ALMANACH du Bonheur, ou l'Art d'être heureux dans toutes les circonstances de la vie, joli vol. illustré. . . . . »   50

ALMANACH de la Jeunesse, ou l'Art de faire honorablement son chemin dans le monde, joli volume illustré. . . »   50

ALMANACH du Chasseur de Papillons. . . . . »   25

LA CUISINE hygiénique, économique et confortable, à l'usage de toutes les classes de la société, un joli vol. petit in-8°. 1   »

MANUEL DU COMMERÇANT, contenant tout ce que le Gros et le Petit Commerce ont besoin de connaître, Tenue des Livres en partie double, simple, etc. 1   »

TRAITÉ DU CAPITALISTE, Tableau synoptique d'escomptes et d'intérêts pour toutes les sommes, tous les taux, etc. . . . . »   25

TRAITÉ DES SUBSTANCES ALIMENTAIRES, leurs propriétés et leur influence sur la santé et la vie. Alimentation des enfants, des adultes, des vieillards, des sanguins, bilieux, affaiblis et réputés incurables. Influence du café, thé, vins, bières, eaux-de-vie, et de toutes les autres boissons. Prix. . . . . »   25

Paris. — Imp. de POMMERET et MOREAU, 17, quai des Augustins.

DU DESSIN EN GÉNÉRAL.

Qu'est-ce que le dessin? C'est la science, c'est l'art de retracer tout ce qui s'offre devant nous, ou ce que crée notre imagination.

Sous le nom général de dessin, que de divisions distinctes, car on dit : « le dessin de la figure humaine; le dessin du paysage; le dessin des animaux; le dessin des fleurs; le dessin des ornements, etc., » comme l'on désigne sous le nom d'une profession industrielle le dessin spécialement destiné à cette profession : « le dessin des menuisiers, des carrossiers, des décorarateurs, etc. » Or, pour nous, toutes les spécialités se réduisent aux deux grandes divisions du dessin : *le dessin à la règle et au compas* et *le dessin à vue*; tout le reste n'est que l'application, et la science nécessaire au genre auquel on l'adapte.

Le dessin à la règle et au compas, qui est celui par lequel tous ceux qui veulent dessiner devraient commencer, a trait plus particulièrement à la représentation géométrale qu'au dessin des formes apparentes. Il procède par mesure exacte, mesure géométrique qui retrace les objets et leurs détails tels qu'ils sont réellement : il est plus facile, demande moins de science que le dessin à vue, et embrasse les plus grandes parties des professions industrielles. Quant au dessin à vue, il consiste à saisir à la *vue* la forme et l'étendue de tous les objets qui s'offrent devant nos yeux, et à en reproduire une image fidèle.

Mais de toutes les méthodes suivies jusqu'à ce jour, aucune n'apprend à raisonner la direction ou la forme apparente de ce que l'on trace, et le *dessin se montre comme l'on apprend un air à un oiseau*, c'est-à-dire par l'habitude de répéter souvent et longtemps la même chose, et non d'après des principes basés sur des règles fixes ; et cependant, dans ces cas seulement, l'intelligence, guidée par le savoir, peut faire de rapides progrès et représenter avec certitude les diverses apparences sous lesquelles tous les corps nous apparaissent.

Avant d'aller plus loin, et puisque l'esquisse d'une tête, de toute autre partie du corps humain ou de n'importe quel objet, doit être faite sur une charpente, composée de lignes diversement inclinées, il est bon de s'entendre sur les différentes dénominations de ces lignes.

CHAPITRE I.

DE LA LIGNE VERTICALE.

On appelle verticale celle qui fait aplomb. Ainsi, si l'on attache un plomb ou un corps lourd à l'extrémité d'un fil, que l'on tienne ce fil par son autre extrémité, et qu'on l'élève de manière que le plomb se trouve suspendu et isolé de tout objet, il en résultera que le fil sera tendu et formera une ligne verticale; la ligne verticale est par conséquent la ligne d'aplomb.

————

DES LIGNES PLACÉES HORIZONTALEMENT.

Toute ligne qui est perpendiculaire à une ligne verticale est une ligne placée horizontalement. Ces lignes peuvent avoir une infinité de directions, puisqu'elles ne sont assujetties qu'à une seule règle, celle de faire angle droit avec une verticale.

* * *

DES LIGNES HORIZONTALES ET DU RAYON CENTRAL DE L'ŒIL.

Une ligne ne peut être horizontale que moyennant deux conditions ; la première, c'est d'être placée horizontalement, et la seconde de faire angle droit avec le rayon central de l'œil.

Supposons une personne fixant son regard sur un point placé juste à la hauteur de son œil ; si l'on joignait ce point avec le centre de son œil par une ligne droite, cette ligne serait le rayon central de l'œil.

Pour copier d'après un dessin une ligne droite placée verticalement, il faut chercher à l'imiter aussi juste que possible, sans se servir d'une règle, la traçant d'abord très-légèrement ; il est permis de s'y reprendre à plusieurs fois, si l'on ne peut réussir la première. Le papier ou tableau doit être bien droit devant soi et bien en face du modèle ; cette condition est de rigueur. Pour tracer une ligne bien verticale, il faut se guider sur la ligne verticale du bord du papier, et

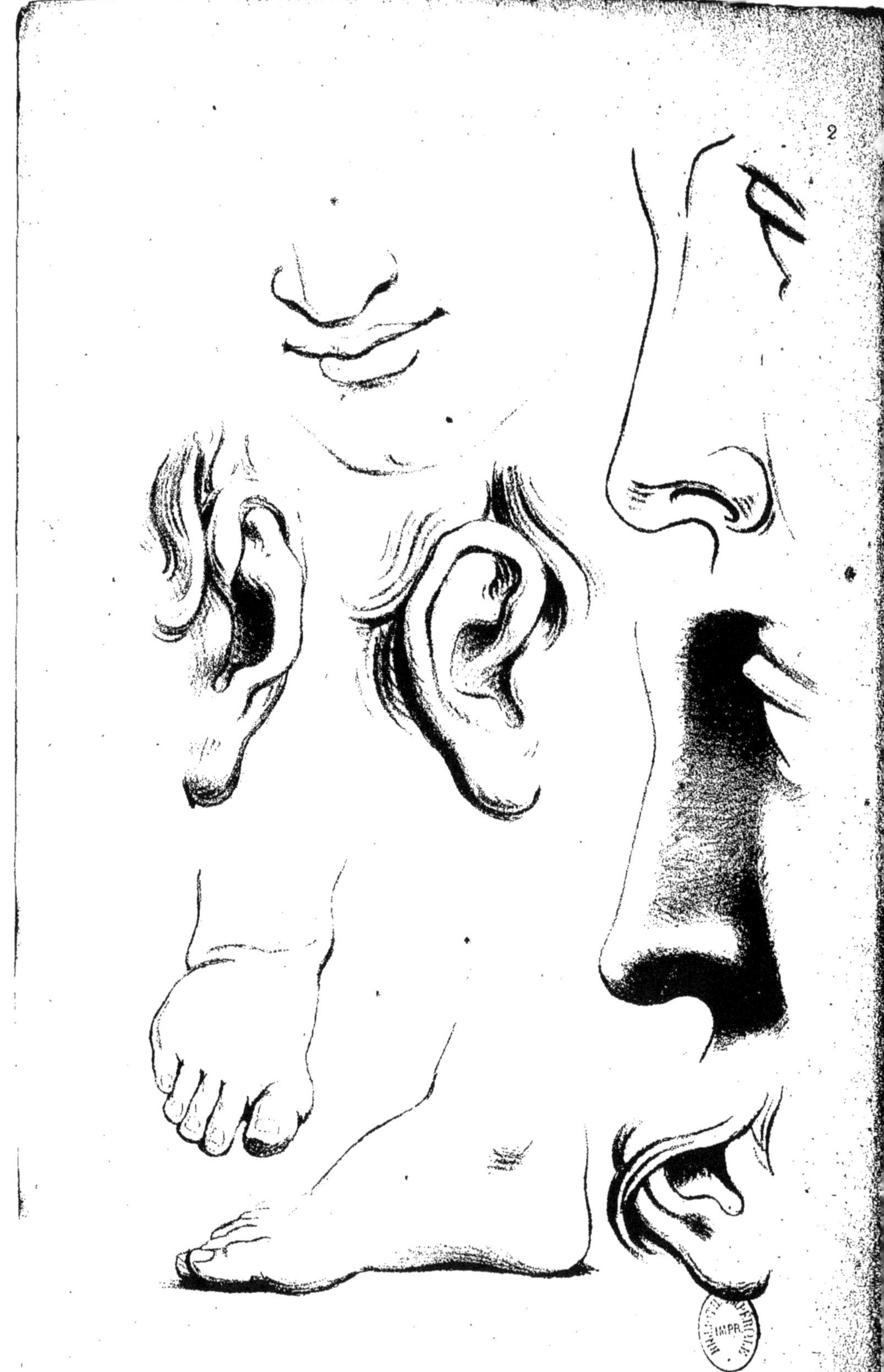

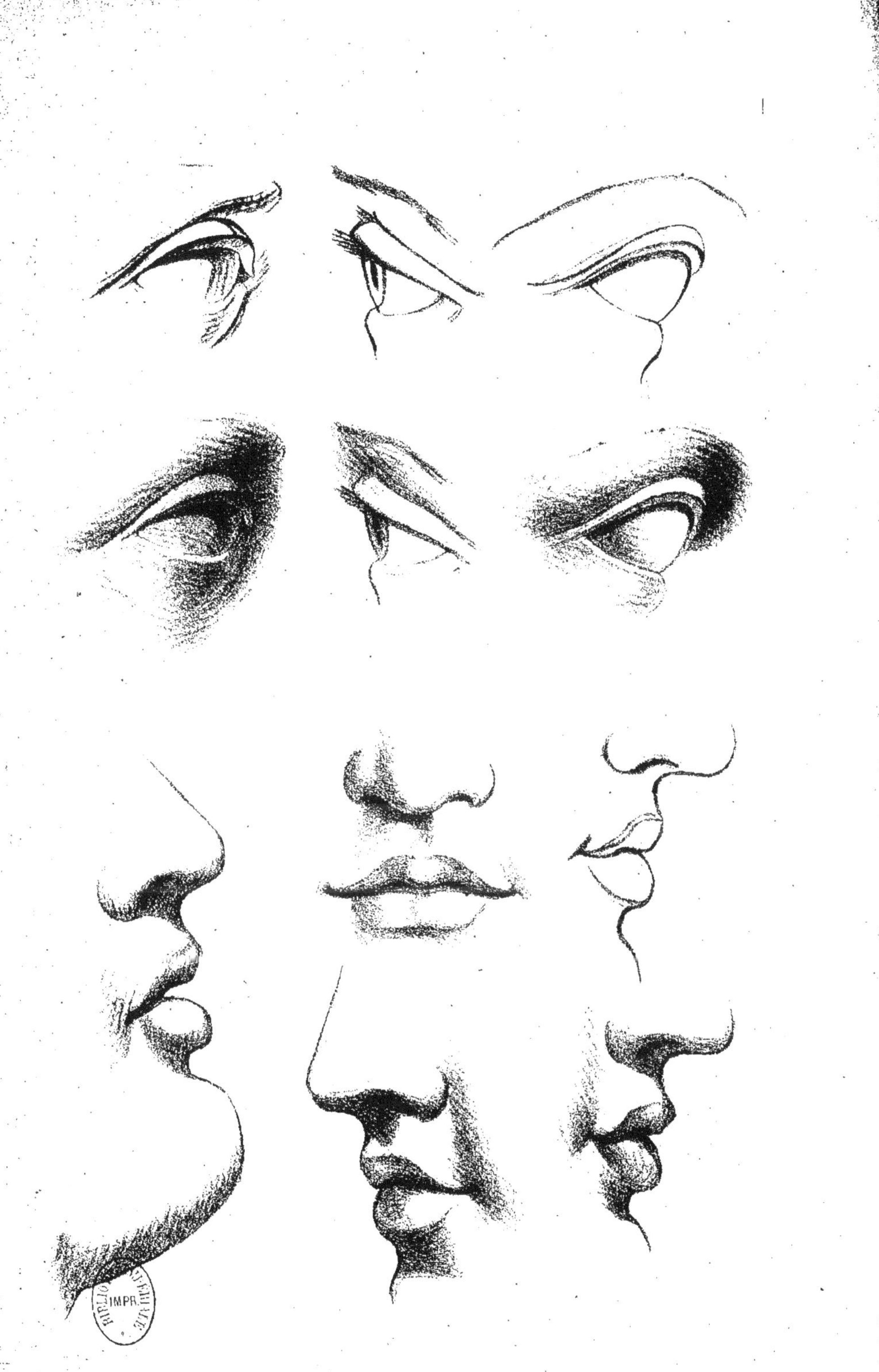

observer qu'elle doit lui être parallèle : lorsque l'on est parvenu à rendre cette ligne tout à fait semblable au modèle, comme longueur et droiture, il faut repasser son crayon dessus, afin de lui donner plus de pureté et plus de force, et d'arriver au même degré de vigueur que dans l'original.

Les lignes verticales se tracent de haut en bas.

POUR TRACER UNE LIGNE VERTICALE D'APRÈS UNE LIGNE SOLIDE.

Pour représenter une ligne verticale faisant partie d'un corps, il faut, de même que dans le cas précédent, se placer droit devant, et s'en éloigner de manière à pouvoir l'apercevoir entièrement sans déranger la tête, et d'une seule œillade; pour cela, on doit en être éloigné d'une distance égale à deux fois le moins, et trois fois au plus de la longueur de cette ligne. Avant de trouver la représentation de cette ligne, on s'assure si elle est réellement verticale, ce qui se vérifie au moyen d'un aplomb pris avec son porte-crayon.

CHAPITRE II.

POUR PRENDRE UN APLOMB AVEC SON PORTE-CRAYON.

On suspend son porte-crayon , tenant son crayon par la fine pointe, sans qu'il éprouve la moindre gêne ; son poids livré à lui-même lui fait former la ligne d'aplomb. Pour tracer ensuite la ligne, opérer comme il a été dit plus haut.

POUR DIVISER LES LIGNES VERTICALES EN PARTIES ÉGALES.

Après s'être exercé à tracer des verticales, et être arrivé à obtenir un résultat satisfaisant, il faut habituer son œil à les diviser en parties égales ; d'abord les diviser en deux sans avoir recours à aucun instrument ; seulement, lorsque l'on croit avoir réussi, il est bon de vérifier au moyen de son porte-crayon.

POUR MESURER AVEC SON CRAYON ET SON PORTE-CRAYON RÉUNIS.

Pour cela, il faut tenir son porte- crayon avec les quatre doigts ; l'extrémité de l'ongle du pouce sert à marquer et tenir la grandeur de l'une des divisions qui doit servir de mesure pour vérifier si toutes les autres lui sont égales.

Lorsque l'exercice a conduit à diviser à vue une verticale en deux parties égales, on la divise en quatre, puis en huit, en seize, etc., etc., ce qui s'effectue en subdivisant chaque division en deux. Des divisions paires on passe aux impaires ; elles sont plus difficiles : on divise une ligne en trois parties égales, puis en six, en douze, etc., etc., c'est-à-dire que l'on subdivise chacune des divisions en deux. La division de trois doit aussi être faite par trois, neuf, dix-huit, etc. Cette étude se fait en partageant chacune des divisions en trois. De la division de trois on passe à celle de cinq ; on l'étudie d'abord par cinq, dix, vingt, etc., subdivisant chacune des divisions en deux ; puis on la fait ensuite par cinq, vingt-cinq, etc., etc., subdivisant chacune des divisions en cinq.

Lorsque l'on a fait ces divisions plusieurs

fois, l'on a déjà acquis de la justesse d'œil ; je regarde cette étude comme l'un des meilleurs exercices.

POUR TRACER DES LIGNES HORIZONTALES.

Les lignes horizontales se tracent de gauche à droite. Dans la disposition première, il faut bien observer de les placer parfaitement horizontales, ce qui s'obtient en faisant attention qu'elles soient, dans toute leur longueur, parallèles à la ligne du sommet, ou ligne supérieure et horizontale du papier ou tableau ; on a dû, en conséquence, s'assurer que les lignes qui forment le tableau font angle droit ; pour le reste de l'opération, il faut agir comme il a été dit pour les lignes verticales.

CHAPITRE III.

**DES OBJETS NÉCESSAIRES POUR COMMENCER
L'ÉTUDE DU DESSIN.**

Ces objets, en petit nombre, sont peu coûteux ;
ils se composent de :

Un chevalet.

Une planche de carton.

Un portefeuille.

Douze crayons ou bouts de fusain.

Douze crayons Conté (pierre) n° 1.

Douze   id.   id.   n° 2.

Douze   id.   id.   n° 3.

Douze crayons Wattson (mine de plomb) n° 1.

Douze   id.   id.   id.   n° 2.

Douze   id.   id.   id.   n° 3.

Un morceau de gomme élastique.

Un canif.

Un porte-crayon.

Une douzaine de clous (punaises).

Vous joindrez à cela une douzaine de feuilles

de papier raisin, puis une douzaine de feuilles de papier gris, destinées à faire un matelas.

On entend par matelas une réunion de feuilles cousues ensemble et formant une certaine épaisseur; posé sur le carton sur lequel vous dessinez, il a pour mission d'empêcher la pointe de votre crayon de se casser à chaque instant, ainsi que cela arriverait sans cette interposition.

Quant aux clous appelés *punaises*, on s'en sert pour fixer après le chevalet la feuille de modèle qu'on doit copier.

CHAPITRE IV.

DU DESSIN APPLIQUÉ A LA FIGURE.

Nous l'avons dit, et nous ne saurions trop le répéter, il n'est pas de science, d'art, d'industrie quelconque pour lesquels la connaissance approfondie du dessin ne puisse devenir utile, sinon indispensable.

Ainsi, non seulement le statuaire, le peintre, l'architecte lui doivent leurs qualités principales, mais encore le mécanicien, le tapissier, le carrossier, le décorateur, l'orfèvre, le fabricant de cachemires, de dentelles, d'étoffes, de papiers peints, ne peuvent s'en passer, non plus qu'une myriade d'autres que nous ne saurions énumérer ici.

C'est pourquoi nous estimons que l'étude du dessin doit être rangée parmi les plus indispensables, auprès de l'écriture et du calcul, car tout l'avenir d'un artiste peut se trouver entravé pour l'avoir négligé.

Mais, par la raison même que le dessin est applicable à presque toutes les professions, et qu'à l'âge où nous voudrions qu'on l'étudiât on ignore presque toujours quelle est la route qu'on suivra, l'étude qu'on en fait ne saurait être spéciale et pour ainsi dire préparatoire , et c'est à celle de la figure qu'il est bon de s'appliquer de préférence , comme étant la plus difficile et demandant une justesse de coup d'œil et d'observation à laquelle il est bon de s'habituer avec une précision, une exactitude telles, que tous les autres genres semblent faciles lorsque l'on s'est familiarisé avec celui-là.

CHAPITRE V.

DE L'ÉTUDE DES PRINCIPES.

Il serait utile, pour commencer, que vous pussiez vous procurer quelques fragments de figures, semblables à ceux que renferme ce manuel, et tels que : nez, yeux, oreilles, bouches, mains, sur lesquels devront être indiquées les différentes lignes qui en marquent les diverses inclinaisons et les mesures proportionnelles.

Ces lignes sont comme la charpente qui doit soutenir les principales parties de l'édifice que vous avez à construire.

Ainsi, par exemple, supposons qu'un modèle d'*œil* étant attaché à votre chevalet, vous vouliez vous mettre en devoir de le copier, il faudra d'abord vous asseoir devant, ayant la partie inférieure du carton sur lequel vous dessinez appuyée sur vos genoux, tandis que sa partie supérieure se trouve appuyée contre la planchette du chevalet.

Une fois posé convenablement, vous dessinez une ligne horizontale qui marque la longueur de l'œil à reproduire, puis, si cet œil est de face, quatre lignes verticales, traversant la ligne horizontale, pour en établir les divisions.

La même charpente doit s'établir pour dessiner n'importe quel fragment du visage ou du corps.

Ainsi, pour une bouche, votre ligne horizontale part de l'un des coins des lèvres pour aller à l'autre, et elle doit être divisée par quatre lignes verticales. Il faut procéder de même pour le nez, les oreilles, etc.

Vos lignes, une fois indiquées, il faut procéder à l'esquisse, et le faire avec légèreté, ainsi que nous l'indiquerons plus loin, quand nous nous occuperons du dessin d'une tête entière.

Il est bon de copier d'abord des principes de grandeur naturelle, afin de vous garantir d'un défaut trop ordinaire aux commençants, lequel consiste à tomber dans le petit et dans le mesquin; pourtant, lorsque vous serez familiarisé avec ces grandes proportions, vous devrez revenir aux modèles de proportions plus petites et telles que vous les montrent nos planches numérotées 1 et 2; car les natures réduites ont

cela de bon, que les inexactitudes s'y voient
beaucoup mieux.

Pour les études de grandeur naturelle , on
doit se servir de crayon noir (pierre) n° 2 ; pour
les plus petites, il faut employer le crayon
mine de plomb même numéro.

CHAPITRE VI.

CONSEILS.

Lorsque vous aurez à copier un dessin sur lequel aucuns signes ne sont tracés pour vous guider dans les proportions à établir entre les différents traits du visage, vous les remplacerez en usant du moyen que voici :

Prenez votre crayon, en le tenant perpendiculairement et d'aplomb; vous verrez alors sur quels points de votre modèle se pose cette ligne fictive; ensuite vous en ferez autant en sens inverse, c'est-à-dire en tenant votre crayon horizontalement. En comparant après cela votre dessin à celui que vous copiez, il vous sera facile d'en voir les différences et vous serez dès lors à même de corriger ce qui aura été placé soit trop bas, soit trop haut; soit trop à gauche, soit trop à droite.

Surtout ne donnez jamais de coups de crayon au hasard, raisonnez tout ce que vous faites et ne manquez pas d'observer que le trait, qui dans la lumière est léger, se trouve toujours vigoureux dans l'ombre.

Après vous être exercé le temps nécessaire sur les principes dessinés dans les planches numérotées 1 et 2, vous aurez à vous occuper d'indiquer purement et correctement le trait des pieds et des mains que représente la planche n° 3, et vous vous procurerez aussi quelques études du même genre, mais de grandeur naturelle, que vous trouverez parmi les études de Julien.

Tous ces fragments vous étant devenus familiers, il s'agira pour vous de vous livrer à l'étude de *l'ensemble*, et pour cela, vous ne pourrez mieux faire que de reproduire les petites têtes que nous vous offrons dans nos planches 4, 5 et 6, en y ajoutant quelques têtes grandes comme nature, venant de la même source que celle indiquée plus haut.

Arrivés au point où nous sommes, il nous reste à récapituler les différentes phases par lesquelles passe un dessin avant d'en arriver au

point où il ne reste plus qu'à le mettre à l'effet,
c'est-à-dire à en indiquer les ombres.

DE L'ENSEMBLE.

C'est la première disposition à faire lorsque
l'on veut dessiner une figure quelconque. Pour
faire l'ensemble d'une figure-modèle tracée sur
du papier, il faut la placer devant soi dans une
position verticale. Cette position est de rigueur
pour voir cette figure de sa grandeur réelle. Il ne
faut pas en être très-près afin de l'apercevoir
entièrement sans déranger la tête et d'une seule
œillade, le papier ou tableau devant être dans
la même position verticale, et placé droit et
juste en face du modèle, de manière à permet-
tre de pouvoir comparer continuellement la
copie avec l'original. Il en sera de même pour
l'ensemble d'après les corps solides.

Ainsi, par exemple, si votre modèle offre
plutôt l'aspect d'une tête ovale que ronde, vous
tracez d'abord cet ovale, en ayant soin de l'in-
cliner du côté où le modèle vous indique de le

faire. Maintenant, supposons que ce modèle est penché vers la droite , indiquez vos lignes dans cette inclinaison, en ayant bien soin d'observer les distances qui existent entre la ligne des yeux et le haut de la tête, entre la ligne du nez et celle des yeux, entre celle de la bouche et celle du nez.

Votre tête, ainsi charpentée, observez bien que vos yeux ne dévient pas de la ligne tracée pour les recevoir ; car si l'un de vos yeux se trouvait, soit plus haut, soit plus bas, ou l'un des deux inclinant si légèrement que ce soit en sens inverse de l'autre, ou bien si les yeux, le nez et la bouche ne s'accordaient pas dans leur inclinaison, votre tête ne saurait être d'ensemble.

Si la tête que vous copiez est de trois quarts, remarquez bien que l'œil du petit côté semble fuir, va en perspective perdre de sa longueur, et que la pupille, au lieu d'être ronde, devient elliptique. Il en sera de même de la bouche, dont la plus petite portion, vue de trois quarts, semble en raccourci.

DE L'ESQUISSE ET DU TRAIT.

L'ensemble terminé doit être l'exacte proportion de toutes les parties de la figure représentée, ainsi que l'aspect de la forme extérieure, sans cependant en avoir ni les détails ni la pureté de contours. Le premier tracé se fait avec le fusain et le plus vaporeusement possible, ensuite on se sert du crayon n° 2 pour déterminer l'apparence du contour ou silhouette, et la juste limite des masses et des détails, les représentant comme formes aussi fidèlement que possible; c'est cette seconde préparation que l'on nomme esquisser.

L'esquisse, quoique tout à fait semblable au modèle, doit être légèrement tracée.

L'esquisse terminée, on pose dessus de la mie de pain émiettée que l'on dirige dans toutes les directions avec l'extrémité des doigts et en tournant, jusqu'au moment où l'esquisse ne fait plus qu'apparaître.

Passer au trait, c'est épurer l'esquisse en repassant franchement le crayon n° 2 dessus.

Il faut observer que le trait doit être plus fin

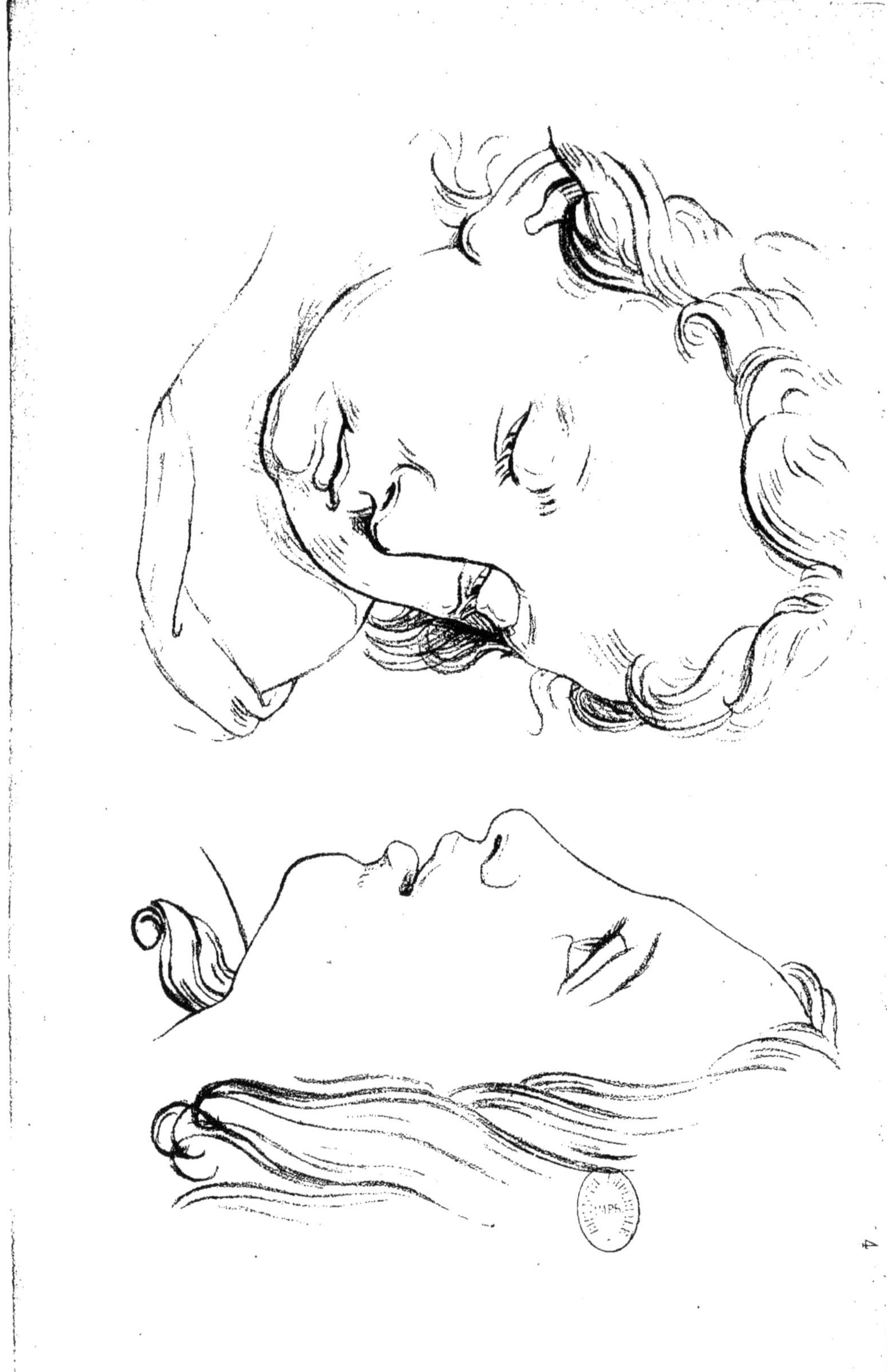

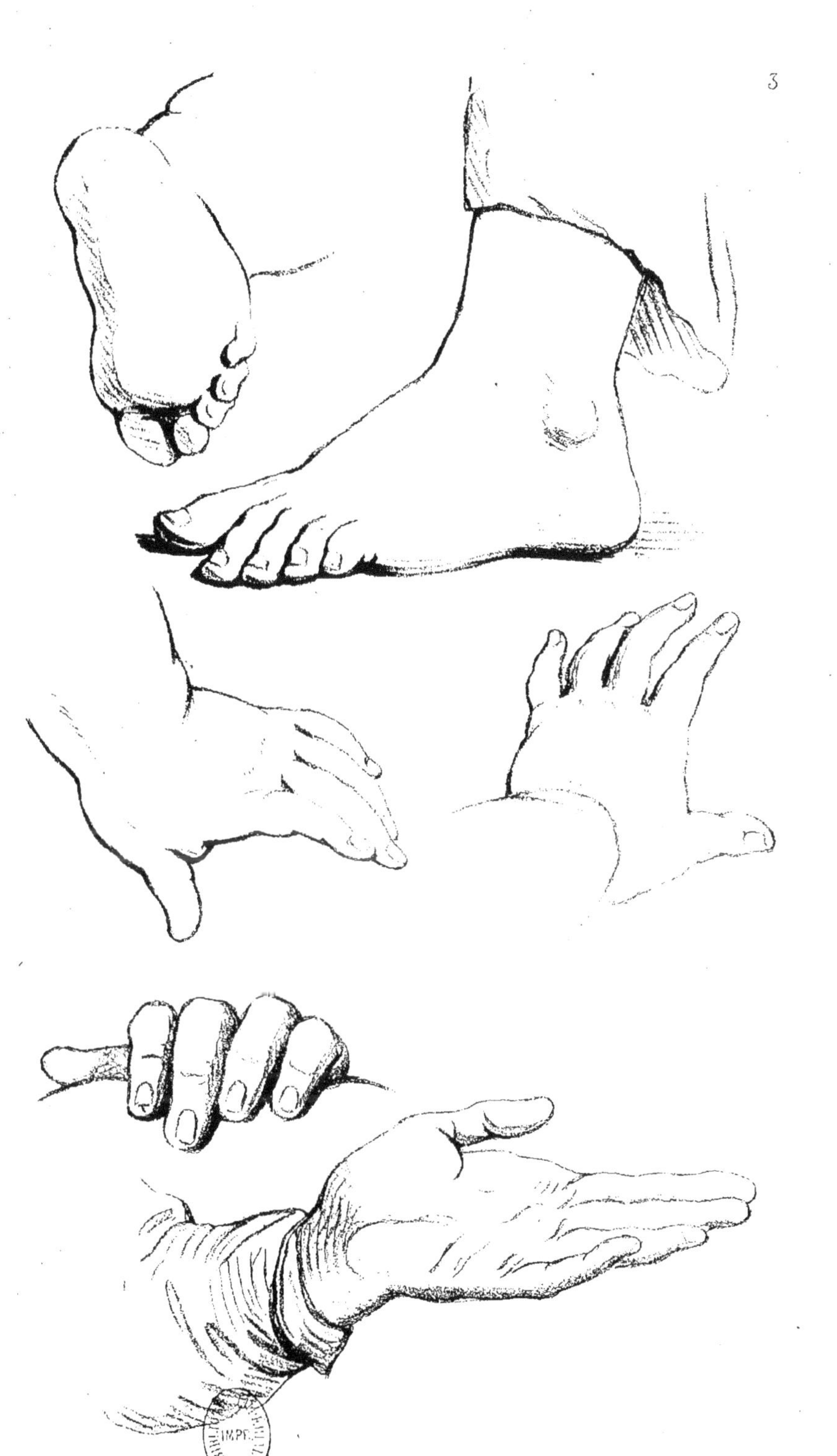

et plus léger dans les endroits clairs que dans ceux qui sont dans l'ombre.

Après avoir fait l'ensemble, puis l'esquisse, et enfin après avoir épuré le trait, il ne s'agit plus que d'ombrer afin de donner au dessin l'effet qu'il doit avoir.

DE L'UTILITÉ DE S'EXERCER A FAIRE DES HACHURES.

Tout en étudiant vos principes et avant d'en arriver à ombrer vos dessins, il sera bon pour vous de couvrir de hachures inclinées tantôt à droite, tantôt à gauche, tantôt horizontales et tantôt perpendiculaires, une certaine quantité de feuilles de papier.

Il est bien entendu que pour faire ces ha-chures, il faut tenir le crayon de côté et non pas comme on tient une plume. Cet exercice, non seulement délie les doigts et donne du coup d'œil, mais il a encore pour résultat d'habituer l'élève à manier son crayon légèrement et à le tenir sans trop le serrer.

CHAPITRE VII.

COMMENT ON DOIT PROCÉDER POUR OMBRER UNE TÊTE.

Pour ombrer, on doit commencer par étendre une couche de hachures bien unies et parfaitement rentrées les unes dans les autres, sur toute la partie que doit occuper l'ombre.

Cette teinte est la plus légère de toutes celles que vous crayonnerez. Après l'avoir étendue, vous passerez à une autre plus forte jusqu'à ce qu'enfin vous ayez atteint, en allant toujours progressivement, les tons les plus vigoureux de votre modèle.

Observez bien surtout que les hachures qui forment vos ombres doivent toujours être faites dans le sens du muscle indiquant le modelé, autrement il serait dénaturé si, contrairement à ce qui doit être sur une partie ronde, par exemple, on ombrait avec des hachures droites au lieu de leur faire suivre le mouvement voulu.

Maintenant que nous vous avons indiqué de quelle façon vous devez vous y prendre pour ombrer et que nous en avons expliqué autant que possible le côté mécanique, occupons-nous un peu de l'effet général produit par la réunion et par l'opposition des lumières, des demi-teintes, des ombres, des reflets et des ombres portées, car il faut se rendre un compte exact de toutes ces choses, dont chacune, en particulier, contribue à établir l'effet général.

DE L'EFFET.

Vous avez pu voir que dans un dessin on appelle lumière tout ce qui se trouve frappé du jour; la demi-teinte se dit du point où les ombres sont liées aux lumières; l'ombre est la partie la plus obscure, c'est-à-dire celle totalelement privée de lumière.

Les ombres portées se disent de toutes celles projetées par un corps quelconque qui vient s'interposer entre ce corps et la lumière.

Ainsi, l'ombre que nous voyons à nos pieds est produite par notre corps, d'autres sont dessinées

sur notre visage, par le chapeau que nous por-
tons ; l'arbre porte son ombre sur le grand chemin
ou sur la plaine qu'il domine ; la main qui tient
votre crayon porte son ombre sur le papier qui
vous sert à dessiner. L'ombre portée est ce qui
donne la solidité aux objets que l'on représente ;
elle donne en même temps la vie et l'effet, c'est
elle qui, dans un tableau, fait circuler l'air
autour des choses ou des personnages.

C'est pour obtenir, avec l'aide des ombres portées, un effet plus piquant et mieux écrit que les
dessins d'après la bosse se font de préférence le
soir, car la lampe les fait beaucoup plus vigou-
reusement sentir que ne le ferait le jour.

CHAPITRE VIII.

DU DESSIN D'APRÈS LA BOSSE.

Dessiner d'après la bosse, c'est se préparer à dessiner d'après nature, car la transition serait trop brusque si l'élève, en sortant de reproduire une étude lithographiée ou dessinée sur papier, se voyait face à face avec les difficultés de toute sorte qui l'attendent devant le modèle vivant. Contrairement, la plupart de ces difficultés se trouveront aplanies pour lui par suite de l'habitude qu'il aura prise de dessiner d'après la bosse.

Pour dessiner une tête en relief, il faut se placer à la distance qui comprendrait trois fois la plus grande dimension de cette tête.

Nous avons indiqué précédemment comment on doit opérer pour faire l'ensemble d'une tête, c'est donc là pour vous une connaissance acquise ; nous avons dit aussi comment le porte-

crayon, tenu tantôt verticalement et tantôt horizontalement, doit vous servir de régulateur pour
subdiviser dans votre pensée les différentes parties du modèle et les comparer à votre copie : il
en sera de même ici.

Vos deux premières divisions se composeront
d'une verticale et d'une horizontale, et le point
de jonction de ces deux lignes fictives et prises
à l'aide du porte-crayon seulement, se nommera
pour vous le point milieu; les autres lignes que
vous tirerez dans votre imagination ne seront
que les annexes des deux premières et serviront
à vous assurer que votre ensemble est identique-
ment pareil au modèle. Une fois votre ensemble
bien établi, et après que vous avez épuré, affermi
votre trait en déterminant légèrement les masses
ombrées, le travail de l'estompe doit commencer.

Ces masses doivent être indiquées au moyen
d'un crayon Conté noir (pierre) n° 2, que vous
aurez mis dans votre porte-crayon et dont vous
aurez cassé la pointe et usé sur votre garde-
main l'un des côtés jusqu'à ce qu'il soit devenu
plat, c'est de ce côté plat que vous vous servez
pour vos indications qui doivent être aussi lé-
gères que possible.

Surtout ne vous laissez pas décourager par la difficulté d'avoir à travailler d'après une chose sur laquelle nul travail n'est indiqué, et faites appel pour arriver au résultat que vous voulez atteindre à l'intelligence, au raisonnement, au coup d'œil dont le ciel vous a doué.

Observez d'abord quelle est la partie de la tête de votre modèle sur laquelle brille la plus vive lumière; du second coup d'œil assurez-vous du point le plus obscur de la partie où se trouvent placées les ombres les plus vigoureuses. Ces deux points reconnus par vous, resteront les points intermédiaires qui arriveront en seconde ligne dans votre travail.

C'est avec une estompe de papier gris que vous frottez dans du crayon *sauce* (ou crayon noir réduit en poussière), c'est avec cette estompe, disons-nous, que vous étendrez une ombre plate et unie sur toute la partie d'ombre, après quoi vous passerez aux demi-teintes les plus accentuées, puis aux plus claires, jusqu'à ce que vous ayez rejoint la lumière; surtout ayez soin de changer d'estompe en passant du travail de l'ombre à celui des demi-teintes, et, pour attaquer celles-ci, servez-vous d'estompes en peau blanche.

On emploie aussi, pour terminer et enlever de minces lumières ou pour fouiller dans quelque partie délicate des yeux ou des lèvres, un petit *tortillon* de papier, lequel, avec sa pointe déliée, vaut mieux en cette occasion que l'estompe la meilleure.

N'oublions pas de dire aussi que, bien qu'un dessin reproduise fidèlement les effets d'ombre et de lumière du modèle, il est presque impossible de ne pas se servir du crayon pour donner les quelques coups de force qui doivent compléter l'effet : ainsi, dans l'intérieur des narines, sous les paupières, dans la pupille.

Les ombres portées aussi réclament son secours, car c'est leur vigueur qui complète l'effet d'un dessin en y ajoutant le piquant sans lequel il semblerait fade et incolore.

Lorsque vous dessinerez d'après la bosse, comme lorsque vous dessinerez d'après nature, il faut avoir soin de préparer un fond pour la tête que vous allez reproduire : vigoureux, si elle doit s'enlever en clair; légèrement teinté, si elle doit s'enlever en vigueur.

CHAPITRE IX.

DE L'ÉTUDE DES DRAPERIES.

L'étude des draperies est indispensable. Après
l'avoir commencée en copiant les figures dra-
pées de Julien, le moment est venu pour vous
de vous y livrer d'après les statues antiques
qui en supportent de si merveilleusement belles.

Mais lorsque, familiarisé avec la bosse, vous
en serez venu à dessiner d'après nature, vous
agirez de même pour les draperies, c'est-à-dire
que vous dessinerez et que vous mettrez à l'effet
la chose elle-même, au lieu de la copier d'après
une copie.

Pour cela, vous disposerez sur un fauteuil, sur
un divan, un châle, un manteau, diverses étoffes,
et vous en étudierez les plis et l'effet. Ayez soin
surtout de bien observer que dans la nature, et
par conséquent dans les dessins et peintures qui
la représentent, la lumière a peu de largeur sur
les objets brillants, tels que les dorures, les cris-

taux, les marbres, les objets vernis, les satins, les cheveux, etc.

Il en est tout autrement pour les draps, les velours, les mousselines, les étoffes laineuses, ternes, lourdes, épaisses.

Beaucoup de peintres se servent du mannequin pour poser les draperies dont ils doivent se servir et qu'ils veulent étudier.

Nous devons insister pour que vous ne vous en serviez jamais que pour ce seul motif et pour lui faire supporter certains vêtements, qui, si vous faisiez un portrait, par exemple, peuvent être dessinés ou peints à part, afin de ne pas user inutilement la patience du modèle.

Quant à vous en servir pour lui demander une pose quelconque et pour remplacer la nature, gardez-vous-en bien, car, par ce procédé-là, vous n'obtiendriez rien que de gauche, de roide, d'anguleux, de guindé.

CHAPITRE X.

DU PARTI QUE L'ON PEUT TIRER DU FUSAIN.

Nous ne saurions trop en recommander l'emploi dans les premières études que vous ferez, car c'est par l'habitude de vous en servir que vous en arriverez à acquérir cette manière d'exécution large et grasse, qui est une des premières qualités du peintre, et cette légèreté dans la main, sans laquelle on n'est pas un bon dessinateur. Et puis vous deviendrez peut-être un artiste avec le temps, et alors quel service ne vous rendrait-il pas! Vous viendra-t-il en tête une composition? avec quelques traits de fusain vous la jetez sur le papier, puis, du bout du doigt, vous modelez vos figures, vous établissez votre effet auquel vous mettez la dernière main en débarrassant du crayon, avec une estompe de peau blanche ou de la mie de pain, les parties lumineuses.

Ses qualités viennent en aide aux commençants pour les mettre dans une voie large ; aux
peintres qui sont dans le feu de la composition,
pour exprimer rapidement ce qu'ils rêvent et
pour fixer à la hâte leur effet, car, sous leurs
doigts habiles, le fusain ne fera pas seulement un
dessin, mais un tableau.

CHAPITRE XI.

**DU DESSIN D'APRÈS NATURE, AU PAPIER TEINTÉ
ET REHAUSSÉ AU BLANC.**

Les mêmes procédés étant employés pour le
dessin à l'estompe d'après nature et pour le
dessin d'après la bosse, nous n'avons rien à
ajouter à ce que nous venons de dire à ce sujet.

Nous indiquerons seulement de quelle façon,
autre que l'estompe, peut se faire une étude
d'après nature, soit de grandeur naturelle, soit
réduite.

Il s'agit ici d'une tête dessinée au crayon
noir, sur papier légèrement teinté et rehaussé
au blanc.

Pour user de ce procédé, il vous faut choisir
un papier d'un ton gris, un peu chaud, mais
fin et léger, ou de couleur café au lait, dont la
teinte équivale en vigueur à celle des chairs et
en représente la demi-teinte lumineuse.

Sur ce papier, vous dessinez votre ensemble,

vous l'épurez et vous le mettez à l'effet au moyen des crayons de divers numéros nécessaires pour ce travail; puis sur le front, les pommettes, le nez, les lèvres, le menton, sur toutes les parties saillantes, vous appelez une lumière plus ou moins brillante, plus ou moins étendue ou resserrée, selon que la nature vous l'indique, en vous servant d'un crayon blanc, finement et légèrement manié.

Quelques personnes, avec l'aide d'un *pastel* sanguin, ajoutent encore au piquant des études de ce genre, en plaçant çà et là, dans l'oreille, sous les narines, dans le point lacrymal et sous les lèvres, une touche spirituelle, qui vient les animer et les égayer à la fois.

CHAPITRE XII.

CONSEILS GÉNÉRAUX.

L'élève qui voudra se borner au dessin d'une
figure, ou qui ne cherchera que la distraction et
l'emploi de ses heures de loisir dans une étude
au bout de laquelle beaucoup ont trouvé la for-
tune et la gloire, celui-là pourra se borner à
prendre une idée de l'anatomie humaine dans
l'excellent ouvrage de M. Pauquet, lequel met
cette science à la portée de tous. Mais pour
celui qui veut arriver à se créer une position, à
se faire un nom dans les arts, il n'en saurait être ainsi; et l'étude du modèle posé dans
l'atelier du maître, celle du squelette et celle de
l'écorché, doivent marcher de front, puisque
c'est à l'aide d'une comparaison continuelle
entre la nature vivante ou morte, dépouillée de
sa peau et revêtue seulement de ses muscles,
ou réduite à l'état de squelette, c'est de cette
comparaison, disons-nous, que sortira pour

lui la connaissance approfondie et consciencieuse dont il ne saurait se passer.

Nous venons de dire que les études sur la nature vivante, l'écorché, le squelette, doivent marcher simultanément, un mot d'explication est nécessaire à ce sujet.

Selon nous, tant que l'élève n'est que copiste ou étudiant et ne s'occupe que de la forme apparente des objets, il ne doit connaître de l'anatomie que ce qui est apparent, car cette connaissance, si elle était prématurée, lui serait plus nuisible que profitable; mais une fois arrivé à reproduire avec intelligence, avec exactitude la forme humaine placée devant ses regards, l'heure est venue pour lui de s'occuper d'études anatomiques.

Mais pour que ces études produisent les heureux résultats qu'on peut en attendre, elles ne doivent pas se faire isolément sur la nature morte, et l'on doit les rapporter sans cesse à la nature vivante; pour cela, si l'on veut, par exemple, dessiner la tête de mort, on devra mettre auprès d'elle une tête en plâtre moulée sur l'antique, de manière à ce que toutes deux étant placées dans une position semblable et

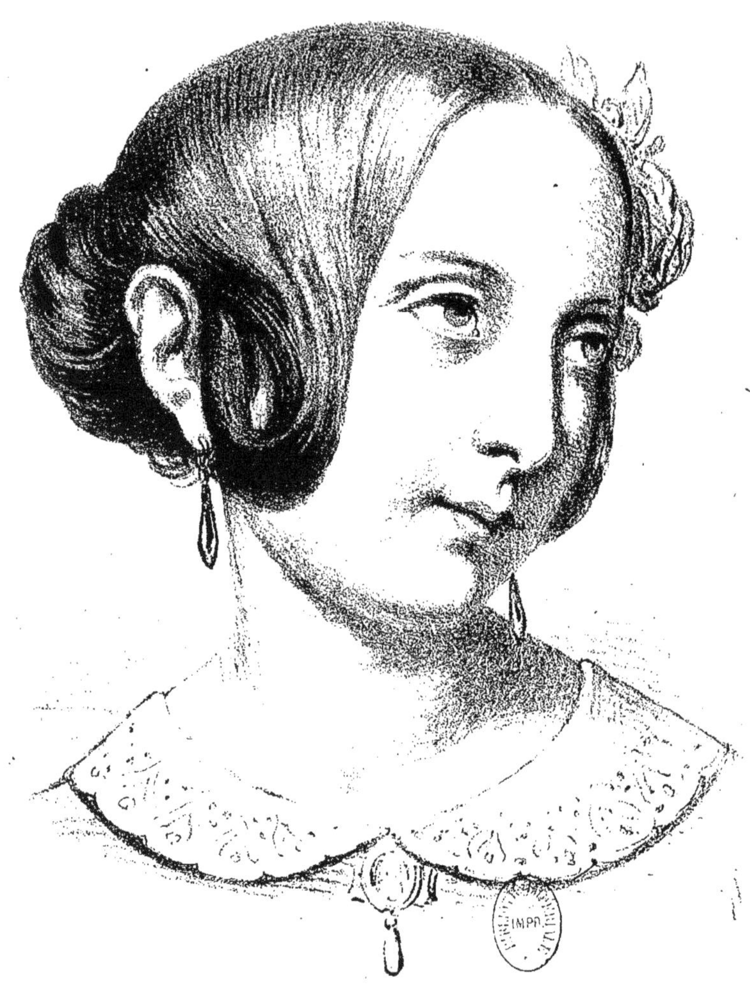

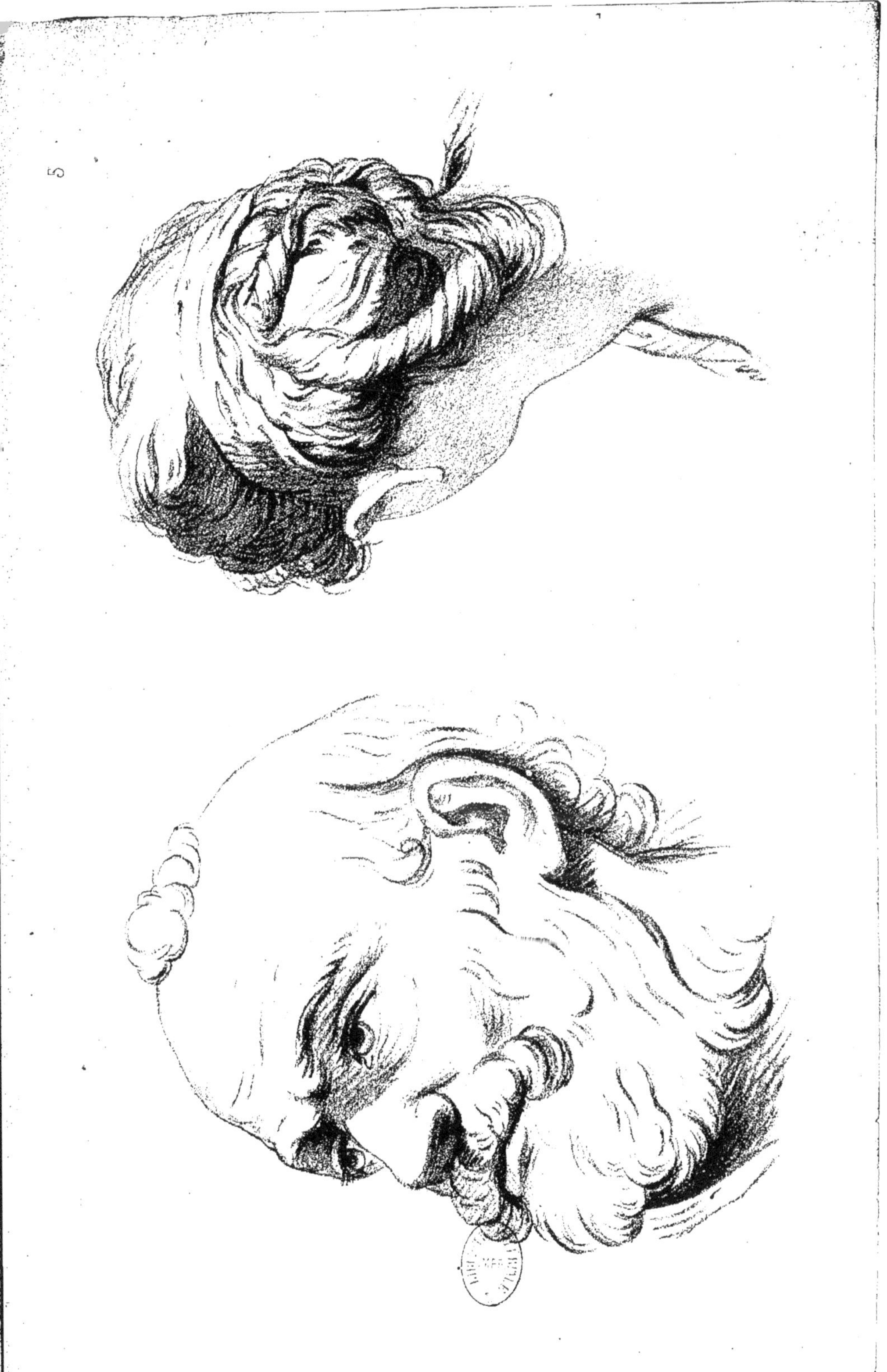

sous une même lumière, vous puissiez distinguer les différences existantes entre elles.

Ainsi, l'on peut distinguer d'un seul coup d'œil les parties osseuses et proéminentes, qui, comme le front, les pommettes, le nez, le menton conservent leur forme, des autres parties qui sont recouvertes de chairs. Pour étudier les articulations et les extrémités du corps, on devra se procurer ces parties toutes préparées. Puis, après qu'on leur aura donné une position, il faudra en faire prendre une pareille au modèle vivant, et les copier simultanément, de manière à se rendre un compte exact de l'un et de l'autre.

Voilà quels sont les études à faire, soit qu'on veuille devenir chirurgien ou peintre, car, pour tous deux l'ostéologie doit être placée en première ligne.

La partie du corps humain la plus difficile à connaître, c'est la colonne vertébrale, dont les mouvements multiples se combinent avec presque tous ceux que le corps peut effectuer.

Pour cette étude, on fera poser un modèle debout et de profil, par rapport à l'élève. Ainsi posé, et les bras croisés sur la poitrine, le contour formé par son cou, ses épaules, son dos et ses reins apparaîtront sous la forme d'une ligne serpentine, qui changera d'aspect suivant les mouvements en arrière, en avant, à droite ou à gauche, qu'on lui fera exécuter. Ces inflexions ne sauraient être trop étudiées dans leur irrégularité, déterminée par la plus légère torsion des hanches, car c'est de cette étude que dépend le plus ou moins de vérité des différentes poses que vous donnerez plus tard aux personnages qui recevront l'*existence* de votre pinceau. Nous nous résumerons en disant : Étudiez la charpente humaine et ses diverses proportions sur le squelette ; assurez-vous en étudiant l'écorché et en le comparant à la nature vivante de tout ce qui est relatif au jeu des muscles et de la tension qu'ils doivent et peuvent subir sous l'influence des passions les plus violentes ; et enfin, avec la nature, apprenez la beauté, l'énergie, la pureté des formes, le charme de la physionomie et la puissance de la couleur.

TABLE DES MATIÈRES.

FIN DE LA TABLE.

COLLECTION DE MANUELS A 50 CENT.

Manuel de la Peinture, sans maître, à l'aquarelle, à la gouache, sur verre, orientale, etc.
— de la Sculpture, du Mouleur, etc., sans maître, avec planches d'études.
— de perspective et de géométrie.
— de la bonne Société, ou l'Art du bon Ton, de l'Elégance et de la Politesse.
— de l'Oiseleur, orné de 24 planches d'oiseaux.
— de Découpure des fleurs en papier, en perles, en cheveux, en soie, etc.
— du Pianiste et du Plain-Chant.
— de la Danse, de la Valse et de la Polka. Histoire de la danse.
— de la Broderie, du Crochet et du Filet, suivi des meilleurs moyens pour faire ses robes, de maximes choisies et de miscellanées.
— du Tricot à l'aiguille, au cadre, à la baguette, au clou, au crochet, etc.
— de la parfaite Couturière, avec planches et patrons.
— de la Lingère, avec planches et patrons.
— de la Blanchisseuse en tous genres.
— de la Toilette, guide des dames et des demoiselles, avec recettes utiles.
— des Dames poètes, gracieuses compositions.
— des Jeux d'esprit, charades, logogriphes, énigmes.
— du Médecin et du Pharmacien, formules et recettes utiles aux gens du monde.
— de la bonne Ménagère, recettes utiles.
— des Tableaux de l'Histoire littéraire, universelle.
— de la Glacière et du Confiseur, recettes utiles, etc.
— de la Modiste, histoire des Modes.
— de Physique, de Chimie, de Géométrie, de Géologie, d'Agriculture, d'Economie, d'Hygiène, de Morale, d'Histoire.
— des Devoirs de la jeunesse, et moyen de faire honorablement son chemin dans le monde.

Manuel de la Coiffure.
— du Musicien et du Chant.
— de la Culture des fleurs.
— du Jardinier.
— Guide des Mères de famille.
— des Jeux d'enfants.
— sur le choix d'une Carrière.
— de la Natation.
— du Parfumeur, recettes utiles.
— du Pâtissier.
— Abrégé d'Arithmétique.
— Le Trésor des Recettes utiles.
— de la Comptabilité des ménages.
— du parfait Domestique.

NOTIONS sur les Empoisonnements et sur les secours à donner aux empoisonnés.
L'ART d'être heureux en ménage, par une dame veuve de trois maris.
ROBERT-MACAIRE, ses dernières volontés, fragments de ses œuvres.
LE GARDIEN de la poche.
PLUS DE DISETTE, plus de Poitrinaires, plus de Choléra.

**TRAITÉ DE PERSPECTIVE THÉORIQUE ET PRA-
TIQUE.** 1 vol. orné de planches, par L. Salne. Prix : 3 fr.

RECUEIL D'ANATOMIE PORTATIF à l'usage des ar-
tistes, par Hip. Poquet, publié par Saint-Martin. 1 vol. 5 fr.

LETTRES SUR LA MINIATURE, par Mansion, élève
d'Isabey. 1 vol. de 244 pages. Prix :   4 fr.

CROQUIS D'ORNEMENTATION, composés et gravés
par Langlade. Prix :   8 fr.

ORNEMENTS ALLEMANDS, Chinoiseries et Fleurs, par
Chirat. Prix :   15 fr.

MANUEL DU PLATRIER, contenant 150 instructions et
66 figures, par Servajean. 1 vol. Prix :   4 fr.

HISTOIRE NATURELLE DES PAPILLONS. 1 beau
vol., contenant 210 belles gravures. Prix :   4 fr.

LA PLUME ET L'ÉPÉE, par Claudia Brachi. 1 beau vol.
Prix :   1 fr.

MANUEL DE L'OISELEUR, orné de 23 planches d'oiseaux.
1 joli vol. Prix :   50 c.

MÉTHODE D'ÉCRITURE GRADUÉE. (Paroles
et actions des hommes les plus illustres.) 1 joli vol. Prix : 2 fr.

DICTIONNAIRE (1855) **DE MUSIQUE.** 1 vol. gr. in-8
illustré. Prix :   7 fr.

PHOTOGRAPHIE, traité théorique et pratique. 1 vol. in-8.
Prix :   5 fr.

LES ÉCHOS DU CŒUR. 1 joli vol.   1 fr. 50 c.

MANFRED et **LARA**, poëmes dramatiques, par lord
Byron.   2 fr.

MÉTHODE PRATIQUE du prompt calculateur.   1 fr.

LA CUISINE HYGIÉNIQUE, économique et confortable.
Prix :   1 fr.

NOUVEAU TARIF pour le cubage des bois. 1 vol. in-12.
Prix :   1 fr.

Paris. — Imp. de Pommeret et Moreau, 17, quai des Augustins.